どこからきたの？
おべんとう

鈴木まもる　作・絵

きょうは　のはらで　おえかきだ
おひるになった
きょうの　おべんとうは　なにかな？

おべんとうぶくろから　だして
ふたを　あけると……

おいしそう！

たくあん
ミニトマト
バナナ
ポテトサラダ
おにぎり
タルタル
ソース
ブロッコリーと
コーンの
マヨネーズあえ
アジフライ
たまごやき

「きょうの　おべんとうの　おかず」だって
おかあさんが　かいたんだ
たべながら　よもう

いただきまーす

この たまごやき はね

メスの　にわとりさんが　あさ　うんだ　たまごを

スーパーマーケットの
ひとが　ならべたのを

おかあさんが
かってきて

しおを　いれて

よく　まぜて

フライパンに　ながして

クルクルまいて　とろけるチーズを　まぜて

ようけいじょうの　ひとが　あつめて

きれいに　パックに　いれて

ダンボールばこに　いれて

トラックで　はこんで

スーパーマーケットに　ついて

クルクルまいて
できあがり

6つに　きって
2つは　おとうさんの
おべんとう
2つは　おかあさんも
おひるに　たべます
やわらかいけど
よく　かんで　たべてね

この**ポテトサラダ**はね

ひろい　ひろい　ジャガイモばたけで　できた　じゃがいもを

やわらかくして
かわを　むいて

つぶして
マヨネーズを
まぜて

しおと
コショウを
かけて
つくったの

のうかの　ひとが　あつめて
よく　かわかして

はこに　いれて

トラックで　はこんで

やさいいちばに　もっていって

スーパーマーケットに　はこんで

スーパーマーケットの　ひとが
ふくろに　いれかえたのを

おかあさんが
かってきて

ニンジンと
いっしょに
ふかして

この おにぎり はね

いなかの　おじいちゃんと　おばあちゃんが　はるに　たうえをして

あきに　いねかりして

この のり はね

きれいな　うみで　そだった　のりを

あさはやく　とって　こうじょうに　はこんで

よく　かわかして

おこめを　とって

ふくろに　いれて

たくはいびんで　おくって
くれたのを

みずで　といで
どなべで　たいて

なかに
うめぼしを
いれて

のりを　まいて
にぎったの

おじいちゃん
おばあちゃん
げんきかなあ

うすく　ひろげて
よく　かわかし

10まいずつ
ふくろに　いれて

スーパーマーケットで　うっていたのを

かってきたの

この アジフライ はね

りょうしさんが　ふねに　のって　うみで　とった　さかなを

みなとの　いちばで　さかなごとに　わけて

トラックで　おおきな　いちばに　はこんで

まちの　さかなやさんが　かって

おみせに　はこんで

さかなやさんが
ほうちょうを　といで

ぜいごを　とって　さんまいに　おろして

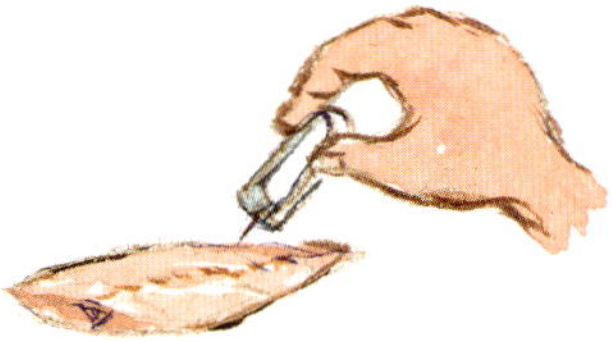

ほそい　ほねを　とって
うっていた　アジを

おかあさんが
かってきて

しおと　コショウを　ふって

こむぎこを　かけて

たまごと　パンこを　まぶして

きのうの　よるごはんで　たべたのを
おべんとうように　のこしておいたの

あぶらで　あげて

きのうは　ソースだったけど
きょうは　タルタルソース

この ミニトマト はね

はるに　なえやさんで　ミニトマトの　なえを　かってきて

ベランダの　プランターに　うえて
ささえの　ぼうを　たてて　そだてたら

はが　のびて

つぼみが　ついて

きいろい
はなが　さいて

みどりいろの
みが　ついて

あかくなったのを
とったの

このブロッコリーと
コーンのマヨネーズあえはね

のうかの　ひとが　まいた　　ブロッコリーの　たねから　　はが　のびて

このコーンはね

トウモロコシばたけで　とって　トラックに　はこんで

こうじょうに　はこんで

みを　とって　ゆでて

つぼみが　おおきくなったのを　とって

はこに　いれて
トラックで　いちばに
はこんで

スーパーマーケットに
はこんで

おかあさんが
かってきたのを

ゆでて
やわらかくして

コーンと
いっしょに

マヨネーズで
あえたの

はこに　いれて

さとうと　しおと　いっしょに
カンに　つめて

トラックで　スーパーに
はこんだのを

かってきたの

この たくあん はね 

なつが　おわって

いなかの　おばあちゃんが　まいた　だいこんの　たねから

めが　でて

はが　のびて

きったの

たくはいびんで
おくってくれたのを

すくすく　そだった　だいこんを

おばあちゃんが　ぬいて

さむい　ふゆに
そとに　ほして

しお

ぬか

しおとか　いろいろ
いっしょに　いれて

くだもののかわ

クチナシ

ザラメ

コンブ

はっぱ

おもい　いしを　のせて　つくって

この バナナ はね

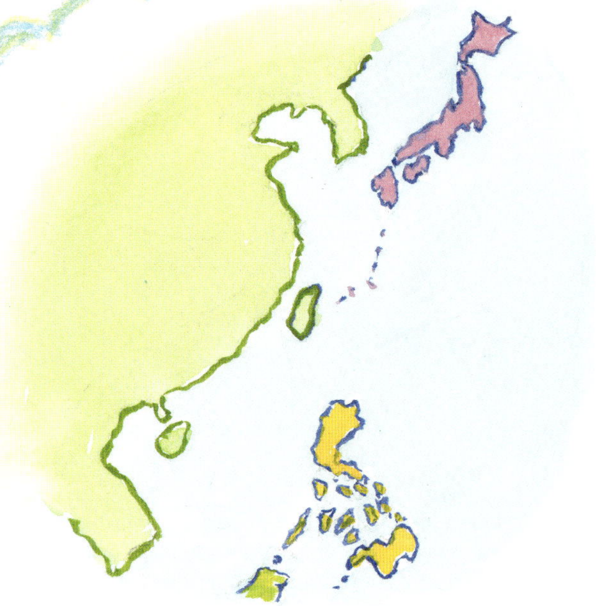

にほんから　とおく　はなれた
みなみの　くにの

バナナばたけで　とれたバナナを

むろという　そうこに　はこんで
5かくらい　バナナを　おやすみさせたら

みどりいろだった　バナナが　きいろく　あまくなって　　スーパーマーケットに　はこばれたのを

トラックで　みなとに　はこんで

はこに　いれて

おおきな　かもつせんに
いっぺんに　1,400,000(ひゃくよんじゅうまん)ぼんものせて
5か(いつか)　かかって　にほんに
とうちゃく　したのを

みなとで　ふねから　おろして
トラックに　つんで

くろく　ならないように
レモンを　ぬってあります

かってきて

きったの

この **おべんとうばこ** はね 

さむい　もりで　まっすぐ　のびた
すぎの　きを

せっちゃくざいで
くっつけて
さくらの　かわで
ぬって　つくったのを

おとうさんが
しごとでいった　ところの
おみやげやさんで　みつけて

かってきて
くれたの

チェーンソーで
きりたおし

トラックで　せいざいしょに
はこんで

うすい　いたに　きったのを

かってきて

かんなで　もっと　うすくして

おゆに　つけて　やわらかくして

まるい　きに　まいて

かわかして

ふたや　そこを　つくって

この おべんとうぶくろ はね

アメリカの　わたばたけで　さいた
わたのはなが

あおいみに　なって

みが　われて　なかに　できた
ホワホワの　わたを

ほぐしたり　あらったり
のばしたりしながら

あつめて
トラックで　みなとに　はこんで

かもつせんで
にほんに　はこんで

トラックで　ぬのを　つくる　こうじょうに　はこんで

ほそい　いとにして
きかいで　おって

もようを　つけて
ながい　ぬのにして

しゅげいようひんてんに
はこんで

おかあさんが
1 メートルに　きってもらって

ひもと　いっしょに　かって

ながさを　はかって　きって

ミシンで
ぬって

ひもを　とおして　つくったの

あー、おいしかった
みんなが　つくってくれたもの　いーっぱい　たべちゃった
ごちそうさまでした

おべんとうを　たべたあと
ちゃんと　えも　かけた！
みんなと　あそんで
さあ　かえろう

おかあさん　ただいま

はい　おべんとうと　おみやげ

あれっ　なんだろう

きょうのおみやげ？

おいしかった
アジフライ
おにぎり
ピーマン
トマト
バナナ
ブロッコリー
おいしかった
おかあさん
ありがとう
ポテトサラダ

あとがき

アジフライは海で泳いでいるわけはないし、卵焼きも野原を歩いているわけではありません。いろいろな所から、いろいろな人の力で運ばれてくるのです。いつも食べている物が、どこから来て、どうやって食べられるようになるのか調べるのは楽しいことでした。食べ物だけではありません。自分のまわりの、いろいろな物も、いろいろな所からやってきます。みんなの力で自分は元気に生きているのだと思います。この絵本も同じ、いろいろな人に届いて、元気に生きる力になることを願っています。

作・絵●鈴木まもる（すずき まもる）

1952年、東京生まれ。東京藝術大学中退。画家、絵本作家、鳥の巣研究家。
『黒ねこサンゴロウ』シリーズ（偕成社）で赤い鳥さし絵賞。『ぼくの鳥の巣絵日記』（偕成社）で講談社出版文化賞絵本賞。『ニワシドリのひみつ』（岩崎書店）で産経児童出版文化賞JR賞、『世界655種鳥と卵と巣の大図鑑』（ブックマン社）であらえびす文化賞を受賞。おもな絵本に『みんなあかちゃんだった』『あかちゃんたいそう』『みずとはなんじゃ？』（小峰書店）、『ピン・ポン・バス』『いそげ！ きゅうきゅうしゃ』『鳥の巣いろいろ』『日本の鳥の巣図鑑全259』『ツバメのたび』『鳥の巣ものがたり』（偕成社）、『つかまえた！』『いのちの ふね』（講談社）、『ウミガメものがたり』『わたり鳥』（童心社）、『鳥の巣の本』『世界の鳥の巣の本』『鳥の巣つくろう』（岩崎書店）、『あなたがだいすき』（ポプラ社）、『だんろのまえで』（教育画劇）、『てをつなぐ』（金の星社）などがある。全国各地で鳥の巣の展示をしている。

鳥の巣研究所
https://mamorusuzuki.wixsite.com/nestlabo

どこからきたの？ おべんとう　鈴木まもる　作・絵　　初版発行／2020年5月　第5刷発行／2021年6月

発行所／株式会社　金の星社　〒111-0056　東京都台東区小島1-4-3　TEL 03-3861-1861　FAX 03-3861-1507　振替 00100-0-64678

装丁／内海 由　　製版・印刷／株式会社 廣済堂　　製本／東京美術紙工協業組合

■32ページ　23.6cm　NDC913　ISBN978-4-323-02469-1

おまけ
どこからきたの? このえほん

やまの なかの
ちいさないえで

えを かいて

えがかけたら トラックで
ちいさな えきにいき

でんしゃに のって

くろ、あお、あか、きいろに
いろわけして

いんさつして

せいほんやさんに はこんで
ほんの かたちにしてもらい

ほんやさんに ほんを
はこんでくれるかいしゃに
はこび

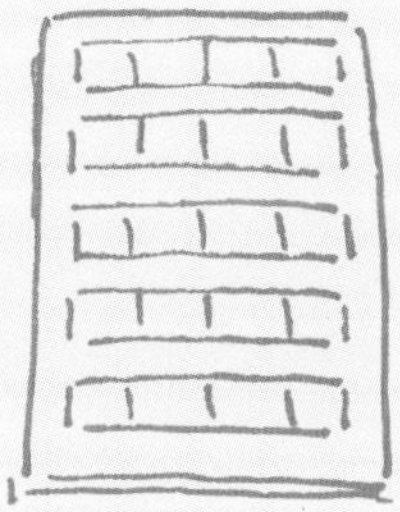

にほんじゅうの
ほんやさんに はこんで

ほんやさんの ひとが
はこからだして ならべてくれて